Die Tieck-Bücher

Liebe allein ist der Liebe wert

Weisheit der Barock-Zeit

VERLAG DAS BERGLAND-BUCH
SALZBURG

Textauswahl und Zusammenstellung: Paul Wimmer

ISBN 3-7023-0142-2

Gedruckt und gebunden bei R. Kiesel zu Salzburg

Ein Stab im Zirkel steht, der andre mißt und
trägt,
so steht der innre Mensch, der äußre wird bewegt.

Daniel von Czepko

Der Mensch, der seinen Geist nicht über sich
erhebt,
der ist nicht wert, daß er im Menschenstande lebt.

Angelus Silesius

Wie man in den Wald hineinschreit, so hallt es wider – wer Übel redet, muß Übles hören.

Zitiert bei Georg Philipp Harsdörffer

Großer Wind und starker Regen
ist mir oftermals entgegen;
ich duck' mich, lass' fürüber gahn,
das Wetter will sein Fortgang han.

J. H. Schill

Wer bey Lügen will bestahn,
der muß ein gut Gedächtnis han.

Hans Rudolf Grimm

Reißt jedermann sein Aug', wenn es ihn ärgert,
ein,
so wird die ganze Welt sehr bald einäugig sein.

Georg Greflinger

Wer in sich schaut, der schaut, was Sonn' und Erde trägt,
es regt sich alles zwar, doch er bleibt unbewegt.

Daniel von Czepko

Das Gewissen ist der Tugend Schauplatz – das Lob der Narren Prob.

Unbekannter Dichter

Wer allzeit hinter dem Ofen sitzt,
macht Grillen und die Ohren spitzt
und fremde Länder nicht beschaut,
der ist ein Aff' in seiner Haut.

Hans Rudolf Grimm

Ich weiß nicht, was ich bin,
ich bin nicht, was ich weiß:
ein Ding und nit ein Ding:
ein Pünktchen und ein Kreis.

Angelus Silesius

Die Zeit versehrt der Liebe Zunder nicht,
ob sie die Glut auch außen dämpfen kann.
Die Liebe kriegt zweifache Flamm' und Licht,
oft wenn man sie am heftigsten ficht an.
Und wenn die Nacht den Himmel schwarz will malen
so sieht man ihn mit tausend Ampeln strahlen.

Daniel Casper von Lohenstein

Ein Mühlstein und ein Menschenherz wird stets herumgetrieben;
wo beides nicht zu reiben hat, wird beides selbst zerrieben;

Friedrich von Logau

Es hebet niemand einen Fuß, der andre sinke dann,
und also kommt durch eines Fall ein andrer hoch hinan.

Georg Greflinger

Scheint, was ihr seid, bekennt eu'r Herz im Angesicht,
die aberkluge Welt wird dies Verstellung nennen;
sprecht rund heraus, man glaubt euch nicht,
geht nackt, und man wird euch nicht kennen.

Christian Wernicke

Heuchler und Hunde belecken die Teller;
jene sind Schmeichler und diese sind Beller;
diese bewahren, bei denen sie zehren;
jene verzehren die, welche sie nähren.

Friedrich von Logau

Ein Mensch, der seine Kraft und Sinne kann regieren,
der mag mit gutem Recht den Königstitel führen.

Angelus Silesius

Die Menge ist gleich einer rasenden See, welche die Winde der Unvergnüglichkeit, der Furcht und Rache mit tausend Wellen beunruhigen, derer immer eine sich erhebet, wenn die andere sich leget. Niemals aber ist der Pöbel verwegener, als wenn er sich gefürchtet sieht.

Daniel Casper von Lohenstein

Wir schmähn auf unser Glück, weil wir stets mehr begehren;
des andern Weinstock ist's, der gute Trauben hegt;
das Unglück aber, das den Nachbar niederschlägt,
ist nichts, ist gar nichts wert, sich drüber zu beschweren.

Martin Opitz

Wahr ist's, es ist ein gut Gesicht
ein öffentlich Empfehlungsschreiben,
wenn der Besitzer nur denn selbst nicht widerspricht
und seinen Leser läßt bei seiner Meinung bleiben;
in manchem Briefe sind die Züg' und Zeilen schön,
den Inhalt kann kein Mensch verstehn.

Christian Wernicke

Der Gott sieht, sieht ein Nicht. Daß er nicht sagen kann,
dasselbe Nicht sieht er, und ihn sieht alles an.

Daniel von Czepko

Der sich zu henken ging, fand Gold und ließ den
Strick
für den gefundnen Strick zurück;
der andre, der das Gold nicht fand, das er
versenket,
hat an dem Strick sich aufgehenket.

Martin Opitz

Leichter träget, was er träget,
wer Geduld zur Bürde leget.

Friedrich von Logau

Mensch, bist du klug
und willt recht wissen, was dein Leben,
so merk das Wörtlein L e b e n eben,
da hast du g'nug;
lies es zuruck, so wirst du sehen,
was es und wie es tut vergehen.

Georg Rudolf Weckherlin

Daß dir im Sonnesehn vergehet das Gesicht,
sind deine Augen schuld und nicht das große
Licht.

Angelus Silesius

Die Zeit kann deinen Kopf und Bart in Weiß verkehren – die Schwärze des Gemüts wird bei dir ewig währen.

Andreas Gryphius

Ich frage, wo die Tyranney herkomme, daß heutiges Tages immer wieder Besserwisser in Deutschland aufstehen, welche als Feld-Marschälle im Deutschen Grammatikalischen Kriege wollen Ordre geben, wie man dieses oder jenes Wort schreiben solle? Wozu dienet die Sprache dem Menschen, als daß er seinen Willen, seine Meinung einem anderen offenbare, also daß er es verstehen könne? Ich bin in meiner Jugend ein hundert Mal durch Polen gereist, da mancher arme Jung in einem geringen Dorf mir begegnete, und besser mit seinem Küchen-Latein zurecht helfen konnte, als wenn Cicero bei mir gewest wäre. Es sagte einstmals ein Sack-Pfeiffer in Polen zu mir: „Quid mihi Grammatica? Musica dat mihi gleba, id est panem.“ Was ist das für eine Torheit, daß man in Erlernung der Sprachen so viele Jahre zubringe? Und hergegen die wenigste Zeit anwendet in Erlernung derer Dingen, damit man Gott und dem Nächsten dienen und ein Stück Brot erwerben kann? Was wäre mir damit gedient, wenn ich bellen könnte, wie ein Hund, oder schreien, wie ein Hirsch oder Pferd? Und was ist mancher Stadt, manchem Lande damit gedient, wenn der Bürgermeister oder der Fürst Französisch oder Italänisch reden kann, und weiß im übrigen nicht, wie er die Stadt oder das Land regieren und im guten Wohlstand erhalten solle?

Johann Balthasar Schupp

Die Wahrheit ist ein seltenes Wildbret.

Georg Philipp Harsdörffer

Wer die Wahrheit geiget, dem schlägt man die Fiedel um den Kopf.

Georg Philipp Harsdörffer

Wer sich seines eigenen Haares schämt, der ist nicht wert, daß er einen Kopf hat.

Johann Michael Moscherosch

Halt an, wo läufst du hin, der Himmel ist in dir:
suchst du Gott anderswo, du fehlst ihn für und für.

Angelus Silesius

Durch Achtsamkeit blüht unser Glück am besten,
nur von der Sicherheit kommt Unglück her:
verachtet fallen uns die kleinsten Übel schwer,
beachtet nützen uns die größten.

Christian Wernicke

Besser ist es, betteln gehen
als nichts wissen, nichts verstehen.
Armen kann man Geld wohl reichen.
Weisheit aber nicht desgleichen.

Friedrich von Logau

Es ist kein Narr, der einem eine Torheit zumutet, sondern der, der selbe begeht.

Georg Philipp Harsdörffer

Wer liest und immer liest und weiß nicht
nachzudenken,
gleicht einem Menschen, der nicht isset, sondern
schlingt
und so viel Speis' und Trank in seinen Magen
bringt,
daß sie mehr Schaden tun, als gute Nahrung
schenken.

Martin Opitz

Auf! Träge Seel'! Auf, auf,
dem Untergang entlauf!
Dein Schlafen ist Sterben,
dein Ruhen verderben,
dein Leben ist träumen,
dein Warten versäumen,
du hast sehr hohe Zeit,
auf, auf, von hinnen weit!

Laurentius von Schnifis

Anders sein und anders scheinen,
anders reden, anders meinen,
alles loben, alles tragen,
allen heucheln, stets behagen,
allen Winde Segel geben,
Bös' und Gutem dienstbar leben,
alles Tun und alles Dichten
bloß auf eigenen Nutzen richten:
wer sich dessen will befleißen,
kann politisch heuer heißen.

Friedrich von Logau

Wer will vergnüglich alt werden, soll mit niemand Feindschaft, mit jedermann Freundschaft, mit wenigen Gemeinschaft, mit vielen Kundschaft halten und lassen Gott dann walten.

Georg Rudolf Weckherlin

Keine Straf' ist ausgesetzet
auf des Neides Gift;
denn er ist zu aller Zeit
selbsten voll Gerechtigkeit,
daß er meistens trifft
und sich selbst verletzet.

Friedrich von Logau

Wenn alte Gäul' in Gang kommen, seind sie nicht zu halten.

Christoph Lehmann

Du bist keines Weisen Freund,
weil du selber keiner:
Und den Narren bist du feind,
weil du selber einer.

Georg Rudolf Weckherlin

Laß Argwohn, willst du nicht in Angst und
Kummer schweben,
denn Furcht und Argwohn sind ein steter Tod
im Leben.

Martin Opitz

Es ist der Heuchler Brauch, daß sie bei Unglücks-Hitz' wie Märzenschnee vergehen.

Daniel Casper von Lohenstein

Ein wesentlicher Mensch ist wie die Ewigkeit,
die unverändert bleibt von aller Äußerheit.

Angelus Silesius

Die alte Kuh gar leicht vergißt,
daß sie ein Kalb gewesen ist.

Unbekannter Autor

Wer im Argwohn steckt, der steckt zumeist in Gefahr.

Christoph Lehmann

Der kann sein Leid vergessen, der es von Herzen sagt.

Paul Fleming

Die Freundschaft, die der Wein gemacht,
wirkt wie der Wein, nur eine Nacht.

Friedrich von Logau

Wann die Ehr ein' Riß gewinnt, wie leichtlich geschehen kann, so stehet sie jedem offen.

Georg Philipp Harsdörffer

Ein Fluß verrät durch Rauschen sich, daß er sehr
tief nicht lauft,
ein Bote, daß er müde sei, wenn er sehr schwitzt
und schnauft.
Wer allzu sehr mit Worten pocht, gibt leichtlich
an den Tag,
Daß seine Lunge ziemlich viel, das Herze nichts
vermag.

Friedrich von Logau

Der Himmel und die Höll', o Mensch, nimm
dich in acht:
die haben beid' ein Licht, wie bei uns Tag und
Nacht.

Daniel von Czepko

Die Tugend wird durch Haß der Feinde nicht
versehrt.

Daniel Casper von Lohenstein

Wer gern will wissen, wer er sei,
der schelt nur seiner Nachbarn drei.

Hans Rudolf Grimm

Es mangelt nie Gelegenheit, was Gutes zu
verrichten;
es mangelt nie Gelegenheit, was Gutes zu
vernichten.

Friedrich von Logau

Nenne mir den weiten Mantel, drunter alles
sich versteckt!
Liebe tut's, die alle Mängel gerne hüllt und
fleißig deckt.

Friedrich von Logau

Der Menschen Andacht ist der Unschuld bester Schild.

Daniel Casper von Lohenstein

Ein Amt ohne guten Sold macht zum Dieb.

Christoph Lehmann

Ein feiger Mut hebt an zu zagen –
b e s t ä n d i g sein, das tut ein Mann.

Paul Fleming

Wenn wir täten, was wir sollten,
so tät auch Gott, was wir wollten.

Unbekannter Autor

Ein sanfter Geist wird nicht so bald versehrt.

Johannes Plavius

Durch Gaben bindet man die Götter, Stahl durch Gold.

Daniel Casper von Lohenstein

Siegebert, was kommt dich an, daß du erst
nach funfzig Jahren,
die du ledig zugebracht, dich noch willst mit
Käthchen paaren?
Wenn's geschieht, die Brunst zu stillen, dünkt
es mich gar schlecht bewandt:
denn zu spät ist's traun zum Löschen, ist das
Haus schon abgebrannt.

Johann Grob

Ein leeres Geklänge,
ein gläsern Gepränge
sind Ahnen, wo Tugend ist ferne davon.

Friedrich von Logau

Heuchelei und Betrug haben kurze Flügel.

Christoph Lehmann

Was sind die Tugenden denn anders als wie Engel?

Christian Hölmann

Weit entlegne Wasserflut
löscht dir keine nasse Glut.

Hans Aßmann Freiherr von Abschatz

Wer nicht hat des Adlers Augen, muß der Sonne
weichen.

Friedrich von Logau

Sei dennoch unverzagt, gib dennoch unverloren,
weich keinem Glücke nicht, steh höher als der Neid,
vergnüge dich an dir und acht es für kein Leid,
hat sich gleich wider dich Glück, Ort und Zeit verschworen.

Was dich betrübt und labt, halt alles für erkoren,
nimm dein Verhängnis an, laß alles unbereut,
tu, was getan sein muß, und eh' man dir's gebeut,
was du noch hoffen kannst, das wird noch stets geboren.

Was klagt, was lobt man doch? Sein Unglück und sein Glücke
ist ihm ein jeder selbst. Schau alle Sachen an.
Dies alles ist in dir, laß deinen eiteln Wahn,
und eh' du fürder gehst, so geh in dich zurücke.
Wer sein selbst Meister ist und sich beherrschen kann,
dem ist die weite Welt und alles untertan.

Paul Fleming

Mißbrauch hebt den Brauch nicht auf.

Christoph Lehmann

Köpfe haben Dünkel;
Herzen haben Winkel.
Prüfe, was du siehest,
merke, was du fliehest!

Friedrich von Logau

Wer dir viel Rath und wenig Tat gewährt,
wann dich die Last des schweren Kummers preßt,
ist einer, der die Spinnwebe kehrt
und doch dabei die Spinne leben läßt.

Christoph Gryphius

Du kannst dir jeden Feind
versöhnen und verbinden,
nur bei dem Neider wirst
du niemals Gnade finden.

Andreas Tscherning

Wer einen bösen Nachbar hat, der hat ein täglich Unglück.

Christoph Lehmann

Nichts entehrt den Menschen so sehr als eine unedle Rache.

Abraham a Santa Clara

Nach Personen muß mit nichten,
nach der Sache muß man richten,
wer die Sachen recht will schlichten.

Friedrich von Logau

Habt acht, seid wie die Schlangen klug
und wie die Tauben ohn' Betrug!

Jesaias Rompler von Löwenhalt

Was an dem Manne sei, weist seiner Augen
Schein,
sein Amt, ein Beutel Geld und dann ein Becher
Wein.

Friedrich von Logau

Wer sich scheut, ein Rausch zu han,
der will nicht, daß man ihn soll kennen,
und ist gewiß kein Biedermann.

Johann Michael Moscherosch

Ihr lebet in der Zeit und kennt doch keine Zeit;
so wißt ihr Menschen nicht, von und in was ihr
seid.
Dies wißt ihr, daß ihr seid in einer Zeit geboren
und daß ihr werdet auch in einer Zeit verloren.
Was aber war die Zeit, die euch in sich gebracht?
Und was wird diese sein, die euch zu nichts
mehr macht?
Die Zeit ist was und nichts, der Mensch in
gleichem Falle,
doch was dasselbe was und nichts sei, zweifeln
alle.
Die Zeit, die stirbt in sich und zeugt sich auch
aus sich.
Dies kömmt aus mir und dir, von dem du bist
und ich.
Der Mensch ist in der Zeit; sie ist in ihm
ingleichen,
doch aber muß der Mensch, wenn sie noch bleibet,
weichen.

Die Zeit ist, was ihr seid, und ihr seid, was die
Zeit,
nur daß ihr wen'ger noch, als was die Zeit ist,
seid.
Ach, daß doch jene Zeit, die ohne Zeit ist, käme
und uns aus dieser Zeit in ihre Zeiten nähme,
und aus uns selbsten uns, daß wir gleich
könnten sein
wie der itzt jener Zeit, die keine Zeit geht ein!

Paul Fleming

Du selber machst die Zeit: das Uhrwerk sind
die Sinnen;
hemmst du die Unruh' nur, so ist die Zeit von
hinnen.

Angelus Silesius

Ach brinnends Herz, wird dich nit schier verzehren
das Feu'r, so du mit Schmerzen tust ernähren?
Wie kannst du dich so lange Zeit erwehren?

Jakob Regnart

Der ist ein rechter Narr und billig zu verlachen,
der klare Wasser will aus Argwohn trübe machen.

Christoph Gryphius

Vom Fasse quillt,
was eingefüllt.

Hans Aßmann Freiherr von Abschatz

Die Ros' ist ohn' WARUM, sie blühet, weil sie blühet,
sie acht't nicht ihrer selbst, fragt nicht, ob man sie siehet.

Angelus Silesius

Die Pforte im Himmel ist klein,
es kann kein Prahlhans hinein.

Abraham a Santa Clara

Ein Amt verkehrt ein Schaf oft in einen Wolf.

Christoph Lehmann

Gewohnheit und Gebrauch zwingt oft und sehr das Recht.

Friedrich von Logau

Lieben, das läßt sich nicht zwingen.
Lieben entstehet vor sich,
soll dir's darinne gelingen,
mußt du geduldiglich
warten, was Zeiten und Tage dir bringen.

Bindst du der Liebe die Hände,
sicher so wird sie dir feind,
plötzlich, geschwinde, behende,
eh' man es hätte vermeint,
laufet gezwungene Liebe zum Ende.

Aus der Neukirchschen Sammlung

Neutralisten wollen den Pelz waschen und nit naß machen, auf Eiern gehen und keines zertreten.

Christoph Lehmann

Sein Auskommen weiß der Mann,
der nichts weiß und schweigen kann.

Hans Aßmann Freiherr von Abschatz

Wer schmäht und Schmähung hört,
dem sei zur Straf' erkoren,
daß der werd' an der Zung'
und der gehenkt an Ohren.

Friedrich von Logau

Mißbrauch ist des guten Brauches Rost.

Christoph Lehmann

Wer auf Schwüre bauet,
und auf Worte trauet,
so die Zeit zerbricht,
dem glückt es nicht.

Christian Hofmann von Hofmannswaldau

Da die Treue ward geborn,
floh sie ein Jäger-Horn,
der Jäger blies sie in den Wind,
daher man sie jetzt selten findt.

Aus Grimms „Poetischem Lust-Wäldlein"

Seel' ist ein Gefangener, Leib ist ein Gefängnis;
wer den Leib verzärtelt, gibt der Seele Drängnis.

Friedrich von Logau

Der ist ein beredter Mann, der zur Sache redet.

Christoph Lehmann

Wer vor dem Tode zagt, vergißt der Zeit zu leben.

Martin Opitz

Wir Menschen sind lebendig tot, wenn wir in Sünden wallen.

Georg Philipp Harsdörffer

Wenn du von deiner ordentlichen Arbeit müde bist, so suche deine Rekreation in tugendhaften Spielen.

Johann Balthasar Schupp

Besser, daß man nichts geredet, als umsonst geredet hat.

Friedrich von Logau

Recht ist's, daß der durch eigne Faust ersticke,
der sich von Schweiß und anderer Blute nährt.

Daniel Casper von Lohenstein

O wohl demselben, wohl, der so kann einsam
leben,
und seine ganze Zeit den Feldern hat gegeben,
liebt nicht der Städte Lust und ihren falschen
Schein,
da oft zwar pflegt mehr Geld, doch auch mehr
Schuld zu sein!

Martin Opitz

Jedem klebet Torheit an;
dieser ist am besten dran,
der fein kurz sie fassen kann.

Friedrich von Logau

Man darf den Teufel nicht über die Tür malen.

Christoph Lehmann

Ein getreues Herze wissen
ist des höchsten Schatzes Preis.

Paul Fleming

Hör und laß reden beide Teile!
Bedenk's, darnach gib Urtheil!

Johann Michael Moscherosch

Wer nicht gutwillig weicht, wird mit Gewalt
gestürzt, wenn das Verhängnis stößt.

Daniel Casper von Lohenstein

So leicht das Reh entwischt, so schnell entfleucht
die Ehr',
und ist sie einmal hin, so kommt sie selten mehr.

Georg Philipp Harsdörffer

Auf was Gutes ist gut warten,
und der Tag kommt nie zu spat,
der was Gutes in sich hat:
schnelles Glück hat schnelle Fahrten.

Friedrich von Logau

Wer reisen will, der schweig fein still,
geh steten Schritt, nehm nicht viel mit!
So darf er nicht viel sorgen.
Wer nichts hat, mag doch borgen!

Johann Michael Moscherosch

Trauern gar nichts dem Menschen nutzt,
als daß es ihm sein Leben kurtzt.

Christoph Lehmann

Wer zu hoch will steigen,
muß zum Falle neigen.

Hans Aßmann Freiherr von Abschatz

Ein Eygen-Nutz lass' herrschen nicht,
sonst straft euch Gott in sein'm Gericht.

Johann Michael Moscherosch

Dein kleinster Feind ist der, der dir von außen
droht:
der dir im Busen wohnt, verursacht größre Not.

Andreas Tscherning

Freude, Mäßigkeit und Ruh'
schließt dem Arzt die Türe zu.

Friedrich von Logau

Ungleichheit muß man durch Einigkeit vergleichen.

Christoph Lehmann

Die Liebe sehnt sich nach keinem Ende.

Christian Weise

Wenn Gott ein Feuer ist, so ist mein Herz ein
Herd,
auf welchem er das Holz der Eitelkeit verzehrt.

Angelus Silesius

Ehre, Geiz, Wein und Liebe
sind des Menschen Lebensdiebe.

Friedrich von Logau

Was mit dem Pfeiflein gewonnen wird, wird mit der Trommel wieder vertan.

Nach Georg Philipp Harsdörffer

Du siehst, wohin du siehst, nur Eitelkeit auf
Erden,
was dieser heute baut, reißt jener morgen ein;
wo jetztund Städte stehn, wird eine Wiese sein,
auf der ein Schäferskind wird spielen mit den
Herden.

Was jetztund prächtig blüht, soll bald zertreten
werden;
was jetzt so pocht und trotzt, ist morgen Asch'
und Bein;
nichts ist, das ewig sei, kein Erz, kein
Marmorstein.
Jetzt lacht das Glück uns an, bald donnern
die Beschwerden.

Der hohen Taten Ruhm muß wie ein Traum
vergehn.
Soll denn das Spiel der Zeit, der leichte Mensch
bestehn?
Ach, was ist alles dies, was wir köstlich achten,

als schlechte Nichtigkeit, als Schatten, Staub
und Wind,
als eine Wiesenblum', die man nicht wieder findt!
noch will, was ewig ist, kein einig Mensch
betrachten.

Andreas Gryphius

Gib, daß ich meinen Feind mit Sanftmut
überwinde!

Johann Heermann

Argwohn ist ein scheußlich Kind, wann es in
die Welt nur blickt;
soll's nicht schaden, tut's not, daß man es schon
bald erstickt.

Friedrich von Logau

Wo kein Ehr ist, muß man Geld in die Lücken stellen.

Christoph Lehmann

Wer die Lehre annimmt, der wird ein neuer Mensch.

Christian Weise

Gedanken sind wie Aprilwetter.

Sprichwort

Sollen wir dir die Stirne bieten,
des Unglücks ernstem Grimm, das große Riesen
fällt,
gekrönte Häupter schlägt? Der Blitz den Stamm
zerschellt,
zermalmt die schwachen Äst'!

Er schont der kleinen Hecken,
wenn er die Zedern trifft. Laßt euch den Fall
nicht schrecken,
noch in Verzweifeln ziehn.

Daniel Casper von Lohenstein

Politicus: ... es ist mehr als zu wahr, daß auch bei den geringsten Personen List und Gewalt auf das höchste gestiegen ist.
Eusebius: Ein jeder vertrauet seinen Kräften, und niemand begehret von dem Himmel einigen Beistand zu erlangen.
Politicus: Gleichwohl muß die Liebe des Himmels zum Deckmantel dienen, wenn die ärgste Bosheit verübt wird.

Christian Weise, „Bäurischer Machiavellus"

Wer mit Eitelkeit schwanger geht, der gebiert Lügen.

Christoph Lehmann

Jeder Schäfer lobt seine Keule.

Christian Weise

Ein versöhnter Feind,
ein gekaufter Freund
sind zu einer Brücke
ungeschickte Stücke.

Friedrich von Logau

Mensch, in dem Ursprung ist das Wasser rein
und klar,
trinkst du nicht aus dem Quell, so stehst du
in Gefahr.

Angelus Silesius

Ist Friede da mit Gott, wird Friede F r i e d e
sein;
ist Friede nicht mit Gott, ist Friede nur ein Schein.

Friedrich von Logau

Wenn ein paar Narren disputieren,
so melket einer einen Bock,
der andre fängt die Milch im Rock,
und dieses heißt die Zeit verlieren.

Georg Greflinger

Ehr' ist ein bös Geschwär.

Christoph Lehmann

Wer die Tugend im Herzen behalten will, der
muß einfältig sein.

Christian Weise

Hände küssen, Hüte rücken,
Kniee beugen, Häupter bücken,
Worte schrauben, Rede schmücken,
wer, daß diese Gaukelei,
meinet, rechte Freundschaft sei,
kennet nicht Betrügerei.

Friedrich von Logau

Wir fürchten lange Zeit, was bald geschieht.

Andreas Gryphius

Wer Freiheit liebt, liebt Gott. Wer sich in Gott versenkt
und alles von sich stößt, der ist's, dem Gott sie schenkt.

Angelus Silesius

Wer sich Fragens schämt, der schämt sich des Lernens.

Christoph Lehmann

Freundschaft ist ein teurer Schatz:
immer hört man davon sagen.
Selten rühmt sich einer recht,
daß er ihn davongetragen.

Friedrich von Logau

Die Wahrheit ist ein Brot, das starke Zähne fordert.

Abraham a Santa Clara

Wer lieben will und nichts nicht wagen,
wer bei dem Lieben will verzagen:
der lasse Lieben unterwegen.
Der Braten fliegt uns nicht entgegen.

Kaspar Stieler

Kräht die Henn' und schweigt der Hahn,
ist das Haus gar übel dran.

Hans Aßmann Freiherr von Abschatz

Was ist die Welt und ihr berühmtes Glänzen?
Was ist die Welt und ihre ganze Pracht?
Ein schnöder Schein in kurzgefaßten Grenzen,
ein schneller Blitz bei schwarzgewölkter Nacht.
Ein buntes Feld, da Kummerdisteln grünen;
ein schön Spital, so voller Krankheit steckt.
Ein Sklavenhaus, da alle Menschen dienen,
ein faules Grab, so Alabaster deckt.
Das ist der Grund, darauf wir Menschen bauen,
und was das Fleisch für einen Abgott hält.
Komm, Seele, komm und lerne weiter schauen,
als sich erstreckt der Zirkel dieser Welt.
Streich ab von dir derselben kurzes Prangen,
halt ihre Lust vor eine schwere Last.
So wirst du leicht in diesen Port gelangen,
da Ewigkeit und Schönheit sich umfaßt.

Christian Hofmann von Hofmannswaldau

Es gleicht einem Wunder, wenn einer das erlangt, was er von Rechts wegen verdient, und einer das verdient, was er erlangt hat.

Christian Wernicke

Wer sich lobt, der besudelt sich.

Christoph Lehmann

Wer einen Weg zur Hintertür weiß, der bekümmert sich um keinen Herrn, der ein Schloß vor die Vordertür gelegt hat.

Christian Weise

Der Falschheit Freunde sind die meisten, so hier leben,
und hat ein jeder sich derselben Kunst ergeben.
Wenn sie es finden gut, ist man dein bester Freund:
wenn's aber wider ihn, ist man dein ärgster Feind.

Anton Ulrich

Freiheit besteht darin, daß man nach gesunder Vernunft lebe.

Christoph Lehmann

Das Schlechte, wohl gestellt,
  laß stehen, wie es steht;
es ist noch ungewiß,
  ob's gut mit dem Neuen geht.

Friedrich von Logau

Wo keine Stärke ist, muß man der List was gönnen.

Andreas Gryphius

Freiheit ist über Gott und Silber, Knechtschaft dem Tode gleich.

Christoph Lehmann

Wenn Torheit weh tät, o welch erbärmlich Schrein
würd' in der ganzen Welt in allen Häusern sein!

Friedrich von Logau

Am Frieden ist mehr gelegen denn am Recht; denn die Rechte sind um des Friedens willen gemacht.

Christoph Lehmann

Wer's Herz auf seiner Zunge führt,
der muß, wann er die Zunge rührt,
Bedachtsein sich wohl befleißen;
sonst möcht' er sich das Herz abbeißen.

Friedrich von Logau

Der stolze Kopf mag springen, der sich nicht beugen kann.

Andreas Gryphius

Den jeder ehrt, ist Ehren wert.

Christoph Lehmann

Echte Freundschaft stirbt nicht.

Martin Opitz

Was mein beflammtes Herze hegt,
zieht meinen Geist von seiner Erden:
hätt' Amors Glut mich nicht geregt,
wie würd' ich je beschrien werden?
Nun brenn' ich. Wer nicht brennen kann,
fang' ein berühmter Wesen an.

Kaspar Stieler

Kein Gold noch Herrlichkeit kann sich der Lieb'
vergleichen,
sie ist des Lebens Trost, und ihr muß alles weichen.

Georg Rudolf Weckherlin

Alten Freund für neuen wandeln
heißt für Früchte Blumen handeln.

Friedrich von Logau

Wie die Frag', so ist die Antwort.

Christoph Lehmann

Die Liebe lehrt im Finstern gehen.

Kaspar Stieler

Wenn man nicht lieben soll, was nützet uns
das Leben?
Die Liebe hat es uns ja nicht umsonst gegeben.

Christian Hölmann

Wer andere verachtet, ist selbst nicht geschliffen.

Christoph Lehmann

Wer Gott nicht recht erkennt, der kann ihn auch
nicht ehren;
der aber kennt ihn nicht, der sich nicht selber kennt.

Johannes Plavius

Wer durch den Ehestand sich gerne will erhöhn,
der muß nach einer Frau in das Gebirge gehn.

Christian Hölmann

Soll Freundschaft feste sein?
Nicht mach sie mit der Zeit,
mach aber, bist du klug,
sie mit der Ewigkeit!

Friedrich von Logau

Man kann die Augen wegwerfen und zugleich behalten.

Christian Weise

Tugend wird uns nicht nur angeboren.

Andreas Gryphius

Gezwungene Ehe tut selten gut.

Christoph Lehmann

Nichts behält, wer allzu viel
auf einmal ergreifen will.

Hans Aßmann Freiherr von Abschatz

Wo dieses Freiheit ist, frei tun nach aller Lust,
so sind ein freies Volk die Säu' in ihrem Wust.

Friedrich von Logau

Ein Weib ist ein notwendiges Übel, eine natürliche Anfechtung, eine einheimische Gefahr, ein lustiger Schade.

Heinrich Anshelm von Zigler und Kliphausen

Sorgen tragen nichts in die Küche.

Christoph Lehmann

Wie manches Troja wird durch Helenen
verloren!?!

Daniel Casper von Lohenstein

Der Ehestand ist der beste Stand.

Johannes Plavius

Was nutzt der Rosen Haupt, wenn seine Blätter fallen?

Christian Hölmann

Menschlich ist es, Sünde treiben,
teuflisch ist's, in Sünde bleiben;
christlich ist es, Sünde hassen,
göttlich ist es, Sünd' erlassen.

Friedrich von Logau

Die Ehre gibt schlechten Trost im Elend.

Nach Christian Weise

Im Winter sich nach Rosen umzusehen,
wird keiner leichtlich wagen;
die Zeit pflegt selbst den Vorsatz abzuschlagen,
weil da schon andre Winde wehn.
Wie fällt dann dir dergleichen ein?
Im Winter kann es ja bei uns nicht Sommer sein.
Hast du in deinen langen Jahren
noch nicht so viel erfahren?
Ein Mädchen nimmt dich nicht, sie meint nur
dein Geld,
und wenn sie dies bekommen hat,
so zeiget sie sich dankbar in der Tat,
wenn sie dir auf dein Haupt
ein Bock-Gewehre stellt.

Christian Hölmann

Wer Sünde weiß zu scheuen,
der darf sie nicht bereuen.

Friedrich von Logau

Verachtet die Mildigkeit nicht.

Christian Weise

Ein Narr minder oder mehr
schadet in der Welt nicht sehr.

Hans Aßmann Freiherr von Abschatz

Klugheit ohne Erfahrung ist Maulwitz.

Christoph Lehmann

Ein Mädchen, das zu viel im Lieben hat begriffen,
ist wie das Meer, auf dem ein jeder frei kann
schiffen.

Christian Hölmann

Der Himmel verkauft das Seine durch Arbeit.

Christian Weise

Wer viel geliebet hat, dem wird auch viel
vergeben.

Johannes Plavius

Es fliehen nicht alle, die den Rücken wenden.

Christoph Lehmann

Wer auf jede Feder acht,
nie das Bette fertig macht.

Hans Aßmann Freiherr von Abschatz

Solang ich leb, lieb' ich den Wein,
denn er vertreibet Furcht und Pein,
verjagt Melancholey und Schmerzen.

Johann Michael Moscherosch

Greif zu, hat dir die Zeit was Liebes zugewandt,
die Lieb' erfordert Mut und eine schnelle Hand.

Andreas Tscherning

Verstünde manches Mal ein Hund des Dichters Zeilen,
was gilt's? Er würde mehr als vor dem Prügel heulen.

Christian Hölmann

Weil du mich, Freund, beschenkst mit dir,
so dank ich billig dir mit mir;
nimm hin deswegen mich für dich,
ich sei dir du, sei du mir ich!

Friedrich von Logau

Eine Feder auf einmal
macht zuletzt die Henne kahl.

Hans Aßmann Freiherr von Abschatz

Viel sind von außen kahl,
du bist es in der Stirne;
und jenem fehlt das Haar,
dir aber das Gehirne!

Christian Hölmann

Lieb' ist des Weinstocks Saft.

Johannes Plavius

Gott schläft nicht, daß du ihn aufwecken müßtest mit Geschrei.

Christoph Lehmann

Wer einen Lahmen leit', der lernet von ihm
hinken,
und wen ein Blinder führt, der tappet auch
wie er.
Und was man auch nicht will, das lernt man
ungefähr.
wer einen Trinker liebt, der lernet von ihm
trinken:
wer einen Stinkbock streicht,
dem muß die Hand wohl stinken:
Mist macht zu Mist und Kot, Stank kommt
vom Stinken her:
was erst Gesellschaft war, wird bald hernach
Begehr:
ein fauler Wiedehopf macht manchen losen
Finken.
Drumb seh ein jeder zu, zu wem er sich geselle,
auf wen er seine Gunst und stete Kundschaft
stelle,
und mache nicht alsbald mit jedem Brüderschaft.
Drumb wer gesellisch ist, geselle sich zur Tugend,
so wird er nicht verderbt. Denn was man in der
Jugend
sich angewehnet hat, das bleibt fest und haft'.

Johannes Plavius

Die höchste Weisheit ist, nicht weise stets zu sein.

Martin Opitz

Die Lüge ist des Satans Kind.

Johannes Plavius

Wer will ein Christe sein, der muß auch christlich leben.

Johannes Plavius

Nicht leicht ohne Flöh' aufsteht,
wer mit Hunden schlafen geht.

Hans Aßmann Freiherr von Abschatz

Ein Weib, Pferd und der Wein sind betrügliche Waren.

Christoph Lehmann

Wer sich der Weisheit ganz ergibt,
der liebet recht und wird geliebt.

Paul Fleming

Wer sich nicht mißt,
verdorben ist.

Hans Aßmann Freiherr von Abschatz

Ein Leben bei vergnügtem Mut
ist immer gut, hat immer Gut.

Friedrich von Logau

Ein Weiser sieht auf Lob bei lobwürdigen Leuten,
ein Narr auf jedermann.

Johannes Plavius

Es geht wohl seltsam in der veränderlichen Welt her! Man pflegt zu sagen: „Wer alles wüßte, der würde bald reich.“ Ich aber sage: „Wer sich allwege in die Zeit schicken könnte, der würde bald groß und mächtig.“ Mancher Schindhund oder Schabhals – denn diese beiden Ehrentitel werden den Geizigen gegeben – wird wohl bald reich, weil er den einen und den andern Vorteil weiß und gebraucht; er ist aber darum nicht groß, sondern ist, verbleibt vielmals von so geringem Ansehen, wie er zuvor in seiner Armut war. Wer sich dagegen groß und mächtig zu machen weiß, dem folgt der Reichtum auf dem Fuße nach.

Hans Jakob Christoffel von Grimmelshausen

Laß den Mund verschlossen sein,
so schluckst du keine Fliegen.

Hans Aßmann Freiherr von Abschatz

Wer täglich in dem Weine schwimmt,
schwimmt, bis er endlich Schiffbruch nimmt.

Friedrich von Logau

Ein freundlich Wort mit freundlichen Gebärden
erweichet oft des harten Feindes Sinn.

Johannes Plavius

Geduld ist die linke Hand der Tapferkeit.

Heinrich Anshelm von Zigler und Kliphausen

Ich kann keinen Knecht sehen, wenn ich nicht selbst wie ein Herr leben darf.

Hans Jakob Christoffel von Grimmelshausen

Die Stimme bringet oft den Vogel in Gefahr.

Christian Hofmann von Hofmannswaldau

Wann Eltern Kinder wohl erziehn
und ihnen gute Namen lassen,
so ist's genug, so ist es mehr,
als Geld und Gold in Kasten fassen.

Friedrich von Logau

Zweimal muß den Beutel ziehn,
wer zu früh das Geld gibt hin.

Hans Aßmann Freiherr von Abschatz

Wer mit Narren muß zu tun haben, dem soll erlaubt sein, Schellen zu tragen.

Johann Michael Moscherosch

Liebst du jemand in höh'rem Stand,
so hast du wahrlich kein' Verstand.

Johann Michael Moscherosch

Alle Freier, Narren und Trunkenen sind reich.

Heinrich Anshelm von Zigler und Kliphausen

Zank dich nicht mit dem, der geringer ist als du: er wird dir sonst Hohn sagen vor den Leuten und dich zu schanden machen in deiner Torheit. Hadere nicht mit dem, der außerhalb deiner Gewalt ist, denn er wird deiner lachen und von dir Hohn sagen vor den Menschen, daß sie deine Torheit sehen, und du dich schämen müßtest in der Eitelkeit deiner Werke; und werden die Kinder von dir Lieder singen und wirst verspottet werden auf der Gassen.

Johann Michael Moscherosch

Das Lernen ohne Lust ist eine leere Last,
denn Lehre wird durch Geist und Lieb' ein lieber Gast.
Doch wird die List und Lust nicht ohne Last gefaßt.
Wo derwogegen Lust und Last ist so verhaßt,
daß man der Lehre tut mit List und Überlast,
in solchem Stalle liegt manch Laster in der Mast.

Johannes Plavius

Fette Braten, mager Mus –
Mangel folgt auf Überfluß.

Hans Aßmann Freiherr von Abschatz

Wo kein Wein ist, da ist kein Freud',
im Wein vergißt man alles Leid,
ohn' Wein ein Mensch ist halb erstorben.

Johann Michael Moscherosch

Laß den Narren reden, er wird dir kein Loch in den Leib reden.

Johann Michael Moscherosch

Was dich erheben soll, das steht in deiner Hand.

Christian Hofmann von Hofmannswaldau

Gottes Mühlen mahlen langsam,
mahlen aber trefflich klein;
ob aus Langmut er sich säumet,
bringt mit Schärf' er alles ein.

Friedrich von Logau

Hüte dich vor gezuckerten Zungen und gepfefferten Herzen.

Julius Wilhelm Zincgref

Roland auch der kühne Mann
nahm es nicht mit zweyen an.

Hans Aßmann Freiherr von Abschatz

Manchen Mann verhindert die unnötige Scham oft an edler Wohlfahrt.

Johann Michael Moscherosch

Verflossen Wasser mahlt doch keine Körner nicht.

Christian Hofmann von Hofmannswaldau

Man mißt den Mann nicht nach den Ellen aus –
oft hat ein großer Geist ein kleines Haus.

Hans Aßmann Freiherr von Abschatz

Womit einer sündigt, damit pflegt einer auch gestraft zu werden.

Hans Jakob Christoffel von Grimmelshausen

Wahrheit steckt in dir, o Wein!
Wie will der denn scheltbar sein,
der die Wahrheit zu ergründen
sich beim Bacchus viel läßt finden!

Friedrich von Logau

Schande hinterm Sattel führt,
wer in Hoffart galoppiert.

Hans Aßmann Freiherr von Abschatz

Der Tor sucht Trost in Eitelkeit,
der Klug' in Gott die himmlisch Freud'.

Hans Jakob Christoffel von Grimmelshausen

Ein edles Gemüt ist nur der Tugend hold.

Johannes Plavius

Liebe allein ist der Liebe wert.

Christian Hofmann von Hofmannswaldau

Wer zum Szepter geboren ist, der muß sich über keinen Unfall ändern.

Heinrich Anshelm von Zigler und Kliphausen

Es ist kein Schwert, das schärfer siert,
als wenn ein Bauer zum Herren wird.

Sprichwort, mitgeteilt von
Hans Jakob Christoffel von Grimmelshausen

Man kann zwar alle Kirchen schließen;
doch nie die Kirchen im Gewissen.

Friedrich von Logau

Die Zeit ist gleich einer goldenen Ketten.

Johann Michael Moscherosch

Liebe weiß es wohl zu machen,
Liebe hört kein Mangel nicht,
Liebe sieht kein Angel nicht,
Liebe füget alle Sachen,
Liebe fühlet wenig Weh,
Liebe stiftet Freud und Eh'.

Johannes Plavius

Wer einen Rechtshandel um eine Henne hat, soll ein Ei nehmen und die Sache geschlichtet sein lassen.

Julius Wilhelm Zincgref

Es ist darum noch keiner ein Narr, weil er närrische Einfälle hat; denn wir haben in der Jugend gemeiniglich alle dergleichen. Wer aber solche Einfälle heraus läßt, der wird für einen Narren gehalten, weil ein Teil denselben gar nicht, andere aber ihn nur halben sehen lassen. Diejenigen, welche den ihrigen ganz und gar unterdrücken, sind rechte Sauertöpfe; diejenigen aber, welche den ihrigen nach Gelegenheit der Zeit bisweilen ein wenig mit den Ohren hervortragen und Atem schöpfen lassen, damit er nicht gar bei ihnen ersticke, die halte ich für die besten und verständigsten Leute.

Hans Jakob Christoffel von Grimmelshausen

Wo in die Schale springt der Wein,
wo kluge Saiten spielen rein,
wo süße Küsse fallen drein,
da kann man herzlich lustig sein.

Friedrich von Logau

Ich glaube, es ist kein Mensch in der Welt, der nicht einen Hasen im Busen habe.

Hans Jakob Christoffel von Grimmelshausen

Die Weltgunst ist ein See,
darinnen untergeh',
was wichtig ist und schwer;
das leichte schwimmt daher.

Friedrich von Logau

Wer, wie er werde reich, will Weis' und Weg
betrachten,
der lerne Geld und Gut bald viel, bald wenig
achten.

Friedrich von Logau

Ein gesundes, frisches Blut
hat ein fröhlichs Leben:
gibt uns Gott dies einge Gut,
ist uns genug gegeben.

Paul Gerhardt

Die Unschuld wird mit Strafe belegt,
wo sich der Neid und die Mißgunst regt.

Hans Jakob Christoffel von Grimmelshausen

Ein Narr stirbt alle Tage aus Furcht, daß er einstmals selber sterben muß.

Johann Michael Moscherosch

Die Sonnen-Fackel brennt vom Lieben angezündet.

Heinrich Anshelm von Zigler und Kliphausen

Von Leuten, die schweigen, und Hunden, die nicht bellen, wenn sie getroffen werden, hat man sich wohl vorzusehen.

Christoph Lehmann

Ein einfältiger Mensch fragt einen Gewappneten, was er vorhätte? Der antwortet, er wolle in den Krieg ziehen. – Was tun? – Leute umbringen. Städte und Dörfer anstecken. – Warum? – Auf daß man Frieden habe. – Antwortet jener: Warum macht man dann nicht einen Frieden, ehe man solchen Unrat anrichtet?

Julius Wilhelm Zincgref

Dem recht lieben ist gegeben,
wird vor Eifer sicher sein.
Wer sich läßt in Liebe finden,
der wird Eifer überwinden.

Johannes Plavius

Wer hat seinen Eifer nicht?
Auch die schwache Fliege sticht.

Hans Aßmann Freiherr von Abschatz

Die Sonne schaut man oft aus einer Wolken dringen,
die, wie man meinet, nichts als Donner mit sich trägt.

Christian Hofmann von Hofmannswaldau

Den lebendigen Feind fliehen und den Toten schelten –:
eines ist so unlöblich als das andere.

Christoph Lehmann

Wenn das Glück einen stürzen will, so hebt es ihn zuvor in alle Höhe, und der gütige Gott läßt auch so einen Jeden vor seinem Falle traulich warnen.

Hans Jakob Christoffel von Grimmelshausen

Wo die Gall' im Herzen stockt,
wird kein Honig ausgespockt.

Hans Aßmann Freiherr von Abschatz

Es bleibt die Einsamkeit mein bestes Vaterland.

Christian Hofmann von Hofmannswaldau

Ist ein Esel zu erstreiten,
ei, so suche dir zur Hand
einen Richter, der nicht selbsten
ist dem Esel anverwandt.

Friedrich von Logau

Besser Wolle weggeschoren,
als das ganze Schaf verloren.

Hans Aßmann Freiherr von Abschatz

Es ist ein köstlich Ding einem Manne, daß er das Joch trage in seiner Jugend. Erfahrung bringt Geduld, Geduld bringt Hoffnung, Hoffnung aber läßt nicht zuschanden werden.

Johann Michael Moscherosch

Lernt, die ihr lebt, den Zaum um eure Lippen legen!
In welchen Heil und Schaden wohnet
und was verdammt und was belohnet.
Wer Nutz durch Worte sucht, soll jedes Wort erwägen.
Die Zunge ist ein Schwert,
so schützet und verletzt.
Die Flamme so verzehrt
und eben wohl ergetzt.

Andreas Gryphius

Wenn jeder traurig ist,
so will sich's nicht gebühren,
daß du dich lustig machst:
dein süßer Lautenklang
ist doch zu solcher Zeit nichts
denn ein Ohre-Stanck.

Johannes Plavius

Freunde pflegt man zu erwählen
nur nach Wägen, nicht nach Zählen.

Friedrich von Logau

Du wirst kein Buch finden, wo du der göttlichen Weisheit mehr innewerden könntest, als wenn du auf einer grünenden und blühenden Wiese gehst. Da wirst du die wunderbare Kraft Gottes sehen, riechen, schmecken.

Jakob Böhme

Ich las die Historien der Welt. Aber ich sahe es doch anders, als geschrieben stund. Ich hörete die Leute in ihrem Wesen; aber ich sah sie doch anderst, als sie redeten. Ich sah, jedem Ding gab man zwar seine Gestalt; aber es war eine bloße Gestalt; denn das Innerliche war anderst. Von außen war alles herrlich; sobald man darnach aber griff, ward es ein Schatten und verlor sich unter den Händen. Ich gleißte über die Maßen, aber es war darumb kein Gold ... Ich wußte immer nicht wie ich das verstehe, oder mich in die gefärbte, gemäntelte, verdeckte Händel schicken sollte. Mit einem Wort: Es däuchte mich aller Menschen Wesen nur eine angenommene Weise, eine eitle Heuchelei zu sein, und solches fast ohne Unterschied' bei allen Ständen.

Johann Michael Moscherosch

Ein Mensch ohne Wissenschaft ist wie ein Soldat
ohne Degen,
wie ein Anker ohne Regen;
er ist wie ein Wagen ohne Räder,
wie ein Schreiber ohne Feder;
Gott selbst mag die Eselsköpf' nicht leiden.

Abraham a Santa Clara

Die Tugend laß nicht unbelohnt,
die Bösen straft, der Frommen schont.
Denn wie man sich hält in dem Rat,
also hält sich die ganze Stadt.

Johann Michael Moscherosch

Ich dachte auch, wie weislich ein Mensch tue, der sich, so viel sein Gewissen leiden kann, alle Welt zu Freund mache; denn oft kann der Unachtsamste dem Allergrößten Schaden bringen; hingegen wer Guttat erweiset, derselbe wird deren jederzeit, auch wann er es am wenigsten hofft, oft unter Feinden genießen können.

Johann Michael Moscherosch

Die Natur bringt gerecht Gold, die Kunst das falsch.

Christoph Lehmann

Wer guten Rat selbst finden kann,
wer guten Rat kann nehmen an,
wer beides recht zu brauchen weiß,
hat eines klugen Mannes Preis.

Friedrich von Logau

Es sind nicht alle lustig, die tanzen.

Christoph Lehmann

Geh aus, mein Herz, und suche Freud'
in dieser liegen Sommerzeit
an deines Gottes Gaben;
schau an der schönen Gärten Zier
und siehe, wie sie mir und dir
sich ausgeschmücket haben.

Paul Gerhardt

Einem Mann, der in Nöten ist, geschieht oft
Unrecht ohne Ursach' und ohne sein Verschulden.

Johann Michael Moscherosch

Auch rote Äpfel sind sauer.

Georg Philipp Harsdörffer

In einem Weiberrocke,
in einem Bienenstocke
steckt Schaden und Genuß,
Ehrgeiz und auch Verdruß.

Friedrich von Logau

Katze, zieh die Handschuh' aus!
Sonsten fangst du keine Maus.

Hans Aßmann Freiherr von Abschatz

Witz lernt sich nicht mit nichts.

Johann Michael Moscherosch

Wein ein, Witz aus.

Hans Jakob Christoffel von Grimmelshausen

Der nächste Weg zu Gott ist durch der Liebe Tür.
Der Weg der Wissenschaft bringt dich gar
langsam für.

Angelus Silesius

Wer die Zeit verklagen will, daß so zeitlich sie
verraucht,
der verklage sich nur selbst, daß er sie nicht
zeitlich braucht.

Friedrich von Logau

Einem ausgesöhnten Feind ist nicht zu trauen.

Christoph Lehmann

Fremden Glücks und Unglücks Schein
kann des Weisen Spiegel sein.

Hans Aßmann Freiherr von Abschatz

Was sind jetzt gute Freunde?
Sie sind vermummte Feinde;
wenn von mir weicht das Glücke,
entblößt sich ihre Tücke.

Friedrich von Logau

Schlöß in die Dinge sich nicht etwas Göttlichs ein,
sie sämtlich würden nicht nach der Erlösung
schrein.

Daniel von Czepko

Mensch, werde wesentlich: denn wann die Welt
vergeht,
so fällt der Zufall weg, das Wesen, das besteht.

Angelus Silesius

O Glanz der Herrlichkeit, du unsere Sonne,
der du der Lichter Brunn' und Ursprung bist:
schick uns dein Feu'r aus deines Reiches Wonne,
bis unser Geist IN EINS vollkommen ist.
Entzünd uns mehr zugleich in einer Kraft,
erhalte uns in deinem Liebeleben:
was uns dein Sinn für Lieb' und Frieden schafft,
das sei nur zum gemeinen Nutz gegeben.
Dein Evangelium sei uns gemein
und müsse sich auf andre so erstrecken,
daß ihrer mehr in dir recht eines sein,
bis dein Erkenntnis wird die Erd' bedecken.
Ach zeuch uns ganz in dein verborgen Licht,
da wir vor deinem Thron als Fackel stehen:
wenn einem ja bisweilen Licht gebricht,
so laß von dir den neuen Strahl ausgehen.
Kein wankend Mondenlicht, kein Irrungsstern,
kein Schatten, keine Nacht darf uns verdunkeln:
wir wollen hier und ewig dort so gern
zu deinem Ruhm nur stehen, brennen, funkeln,
so wird das doppelt helle Licht verdunkeln nicht!

Gottfried Arnold

Blüh auf, gefrorner Christ, der Mai ist vor der Tür.
Du bleibest ewig tot, blühst du nicht jetzt und hier.

Angelus Silesius

Wer andre loben will, muß selber löblich sein,
sonst trifft das Loben leicht mit Schanden überein.

Friedrich von Logau

Gleichwie in der Natur Gutes und Böses quillet, herrschet und ist, also auch im Menschen: der Mensch aber ist GOTTES Kind, den er aus dem besten Kern der Natur gemachet hat, zu herrschen in dem Guten, und zu überwinden das Böse. Ob ihm gleich das Böse anhanget, gleichwie in der Natur das Böse am Guten hanget, so kann er doch das Böse überwinden; so er seinen Geist in GOTT erhebet, so quillet in ihm der Heilige Geist und hilft ihm siegen.

Jakob Böhme

Nicht lieben ist nicht leben:
ein schönes junges Weib ohne Lieb',
ein großer Jahrmarkt ohne Dieb,
ein alter Wucherer ohne Gut,
ein junger Mann ohn' Freud' und Mut,
ein alter Scheuer ohne Mäus',
ein alter Pelz ohne Flöh' und Läus',
ein alter Geisbock ohne Bart,
ist alles wider seine Art.

Johann Michael Moscherosch

Wer rein in Worten ist, der sei auch rein im Herzen,
wer rein im Herzen ist, der sei in Worten rein.
Wer rein in Worten ist, soll rein in Werken sein:
wer nur zum Schein rein ist, dem ist die Tugend Scherzen,
die Reinigkeit entzündet der reinen Liebe Kerzen.

Johannes Plavius

Freunde, die in Not man liebet, haßt im Glück
man unverhohlen.

Friedrich von Logau

Verachte, was von dir das Volk spricht,
nicht zu sehr;
wer jedermann verschmäht,
den achtet niemand mehr.

Martin Opitz

Ach, könnte nur dein Herz zu einer Krippe
werden!
Gott würde noch einmal ein Kind auf dieser
Erden.

Angelus Silesius

Wenn so oft an Gott man dächte,
als man an die Steuer denkt,
wär uns, glaub' ich, längst zu rechte
Fried und Ruh von Gott geschenkt.

Friedrich von Logau

Je höher einer ist vom Stande,
um so weniger bewegt er sich.

Paul Fleming

Seid nicht allzu weise, solche Leut' haßt das Glück!

Johann Doman

Was die Höflichkeit betrifft, besteht solche nur in der Zungen und äußerlichen Schein, das Herz aber weiß von keiner Höflichkeit, sonst würde nicht einer den andern so feindlich verhassen, verfolgen, vertilgen und, wo es möglich, treulos aus dem Sattel heben: Wenn mit lachendem Mund und freundlichen Gebärden einem ein Ohrfeigen versetzen, daß ihm Mund und Nasen blutet, ja, wenn Falschheit und Betrug eine Höflichkeit ist, so muß ich bekennen, daß die Höflichkeit groß in Deutschland geworden, Treu und Redlichkeit aber gar selten zu finden ist.

Laurentius von Schnifis

Wenn ich unglücklich bin, so muß ich doppelt singen.

Christian Weise

Krummes mag man wohl verstehn,
Krummes aber nicht begehn.

Friedrich von Logau

Allzu fetter Herd,
selten lange währt.

Hans Aßmann Freiherr von Abschatz

Wenn die Weiber regieren, so steigen die Stühl' auf die Bänk'.

Christoph Lehmann

Ein glücklicher Mann rede, was er wolle, so muß es wohl geredet und gesagt sein. Aber eines elenden Mannes hoher Verstand wird nur verachtet und verlachet.

Johann Michael Moscherosch

Wer einen Weisen straft, der wird von ihm geliebt werden.

Laurentius von Schnifis

Ich denke manchmal, wenn die schändlichen Ehrentitel Wildbret wären und wenn die Hausflüche Konfekt wären, so lebten wir alle Tage recht fürstlich.

Christian Weise

Je höher der Affe die Leiter ansteigt,
je mehr er die Blöße des Hintersten zeigt.

Hans Aßmann Freiherr von Abschatz

Gelobt sei die Majestät, die der Einfalt einen beständigen Platz zuerkennt – gelobt sei der Richter, bei dem ehrliche Partei den besten Lohn davonträgt.

Christian Weise

Es sind nicht alle Köch', die lange Messer tragen.

Georg Philipp Harsdörffer

Wer den Affekten nachhänget, der läßt die Wahrheit fahren und vergaukelt das Recht zu Unrecht.

Christoph Lehmann

Wer mit Verheißungen bezahlt,
bezahlt mit Gelde, das man malt.

Friedrich von Logau

Mit Sorgen und mit Grämen
und mit selbsteigener Pein
läßt Gott ihm gar nichts nehmen;
es muß erbeten sein.

Paul Gerhardt

Ein geringer Verzug bringt oft einen großen Vorteil.

Christoph Lehmann

Aller Laster Laster ist: sich für keinem Laster scheuen.

Friedrich von Logau

Das Leben ist
ein Laub, das grünt und falbt geschwind.
Ein Staub, den leicht vertreibt der Wind.
Ein Schnee, der in dem Nu vergeht,
ein See, der niemals stille steht.

Georg Philipp Harsdörffer

Wer einen Aal beim Schwanz und Weiber faßt bei
Worten,
wie feste der gleich hält, hält nichts an beiden
Orten.

Friedrich von Logau

Man weicht den Bäumen aus, die auf den Fall stehen.

Daniel Casper von Lohenstein

Besser ist es, daß das Ei
als das Huhn verloren sei.

Hans Aßmann Freiherr von Abschatz

Denkst du gleich auch dein Tun vielfärbicht zu
beschönen,
zieh Lastern Goldstück an, ihr Unfalt sticht herfür.

Daniel Casper von Lohenstein

Die Ursache, warum dem büffelhirnigen Pöbel die tiefsinnige Poeterey keine Achtung abringt, liegt darin, daß dieser nicht für wert halten kann, was seinen Verstand übersteigt.

Georg Philipp Harsdörffer

Freilich ist es ein großes Unglück, wenn einer die Sonne seines Glücks nicht erkennen kann.

Heinrich Anshelm von Zigler und Kliphausen

Die Natur ist unerforschlich, die Hoheit der Künste unüberstiegen, die Schönheit der himmlischen Dinge hochverwunderlich, Gottes Herrlichkeit und dessen Menschenliebe unaussprechlich, die menschlichen Sinne wegen ihres Vermögens unersinnlich und wegen der göttlichen uns eingepflanzten Kraft unumgrenzt: Hier nun und in allen dergleichen wird niemand zu einer näheren Stelle als ein sinnreicher Poet zugelassen.

Justus-Georg Schottel

Der Liebreiz einer Frau ist schon wie Zauberei,
ein zaubernd Weib kann auch den klügsten Kopf verstelln.

Daniel Casper von Lohenstein

Das perlenreiche Meer verschmähet keinen Fluß,
der doch nur Wasser zinst, in seinen Schoß zu nehmen.

Heinrich Anshelm von Zigler und Kliphausen

Die Rose ladet uns zum Pflücken selber ein.

Christian Hofmann von Hofmannswaldau

Wem das Glück wohl will, dem will auch die Obrigkeit und der Richter wohl, wenn er schon ein Schalk wäre. Wem das Glück nicht wohl will, der fällt auf den Rücken und bricht sich die Nase.

Johann Michael Moscherosch

Ein Kerl, der nicht viel zu verlieren hat, der kann's auf den Weg frisch hinein wagen . . .

Johann Michael Moscherosch

Die Frömmigkeit ist bald zu betrügen,
wenn die Bosheit anfängt zu lügen.

Hans Jakob Christoffel von Grimmelshausen

Ein fremder Blick kann oft den Geist verführen.

Heinrich Anshelm von Zigler und Kliphausen

Wer die Liebe nicht kennt, der baut ihr keinen Altar.

Daniel Casper von Lohenstein

O du Ursprung aller Klagen,
  Liebe, schone, schone mein!
Alle Schmerzen, die wir tragen,
  treffen nur den Leib allein;
aber, Liebe, deine Plagen
  dringen in das Herz hinein!
O du Ursprung aller Klagen,
  Liebe, schone, schone mein!

Johann von Besser

Bei den Rosen sind Dornen, ja, auch die Sterne sind nicht von gestirnten Mißgeburten befreit.

Heinrich Anshelm von Zigler und Kliphausen

Wenn ich ... die Wahrheit reden soll, so haben Zorn, Schwelgerei, Stolz, Geiz, Üppigkeit, Faulheit und viel tausend andere Sünden einzig und allein ihren Ursprung in der Heuchelei.

Johann Michael Moscherosch

Auch sklavische Gemüter suchen im Lieben ihre Freiheit.

Heinrich Anshelm von Zigler und Kliphausen

Wenn er kaltes Wasser sieht,
schreit der Hund, der sich verbrüht.

Hans Aßmann Freiherr von Abschatz

Wo die Liebe raset, da strauchelt der Verstand.

Heinrich Anshelm von Zigler und Kliphausen

Doch halt, mein Geist! Besinne dich!
Sieh auf! Das Mädchen zeiget sich:
du mußt es doch betrachten!
Ich hab' es vormals nicht gewußt;
man darf dergleichen Augen-Lust
in Wahrheit nicht verachten.

Christian Weise

Wer auf der Buhler vorgegebenen Reichtum trauet,
befindet sich in dem Ehestand mit leeren Händen.

Andreas Gryphius

Was ein Baum ist ohne Laub, was ein Kirchturm
ohne Glocken,
was ein Keller ohne Wein, eine Suppe sonder
Brocken,
was ein Schiff ist ohne Segel, was ein Anker
ohne Grund,
was ein Schütze sonder Pulver und ein Jäger
ohne Hund,
was ein Weber ohne Garn, was ein Schlosser
sonder Eisen,
was ein Bäcker ohne Mehl und ein Garkoch
ohne Speisen,
was ein Fuhrmann ohne Wagen und ein Bauer
ohne Feld,
dies und zehnmal minder ist der Adel ohne Geld.

Johann Grob

Der fehlet meist, der nimmer fehlt,
der irret stets, der nie will irren.
Welch Mensch sich nie um Sünde quält,
der wird sich selbst und viel verwirren.

Quirinus Kühlmann

Es flog kein Vogel nie so hoch,
er sucht sein Speisen auf Erden doch.

Hans Rudolf Grimm

... wo Herz und Luft trübe ist,
sind Sonne und Brunst dunkel.

Heinrich Anshelm von Zigler und Kliphausen

Wir kennen uns und dies, was unser ist, oft nicht,
wir treten unsern Kurs oft selbst mit steifen
Füßen,
man merkt, wie unser Wunsch ihm selber
widerspricht,
und wie wir Lust und Zeit als Sklaven dienen
müssen.

Christian Hofmann von Hofmannswaldau

Vernünftiges Scherzen
ermuntert die Herzen,
erfrischet das Blut:
Drum brauchet der Jugend
in Ehren und Tugend
mit fröhlichem Mut!

Lacht, spielet und singet,
schwätzt, tanzet und klinget,
die Blüte geht hin!
Dies, was ihr empfunden
in lustigen Stunden,
ist euer Gewinn.

Hans Aßmann Freiherr von Abschatz

Wo Liebe blüht, da wächst kein Zweifel.

Heinrich Anshelm von Zigler und Kliphausen

Fleischlicher Begierd' und Brunst zu widerstehn,
ein Weib zu wenig Witz, zu viel Versuchung hat.

Daniel Casper von Lohenstein

Ein Feuer sonder Feuer, ein lebendiger Tod,
ein Zorn, doch ohne Gall, ein angenehme Not,
ein Klagen außer Angst, ein überwundner Sieg,
ein unbeherzter Mut, ein freudenvoller Krieg;
ein federleichtes Joch, ein nimmerkrankes Leid,
ein zweifelhafter Trost und süße Bitterkeit,
ein unverhofftes Gift und kluge Narretei,
ja, kürzlich: Lieben ist nur bloße Phantasei.

Ernst Christoph Homburg

Hat sich einer einen Narren an dir gefressen, so entläuft er dir nicht.

Heinrich Anshelm von Zigler und Kliphausen

Leichter kann man gegen ein gewappnetes Heer als ein liebreizendes und zugleich ehrsüchtiges Weib bestehen, denn ihre Herrschaft bemächtigt sich ihrer eigenen Gebieter und dehnt ihre Gewalt über alle Schranken der Leidenschaft aus. Vor ihrer Schwäche müssen die größten Riesen erliegen, und gleicht dem sehr kleinen Fische, der ein mit vollen Segeln streifendes Schiff anhält.

Daniel Caspar von Lohenstein

Der Sonne schreibt man Finsternisse zu, und den Monden legt man Flecken bei; eine keusche Seele aber soll bedenken, daß sie ein Spiegel der reinen Gottheit sei, welche sich durch kein lüstern Aug' beflecken lasse.

Heinrich Anshelm von Zigler und Kliphausen

Die Lieb' beherrschet all's; auch die Dreieinigkeit,
ist selbst ihr Untertan gewest von Ewigkeit.

Angelus Silesius

Das Leben wird versüßt,
wo man beisammen ist
und Gegenwart die holden Lippen küßt.

Heinrich Anshelm von Zigler und Kliphausen

Soll es sein, so muß es geschehen.

Johann Michael Moscherosch

Wir können Wollustgift leicht missen,
weil wir der Seelen Milch genießen.

Daniel Casper von Lohenstein

Nachdem der deutsche Mönch das Pulver hat erdacht,
so wird zu Pulver fast die halbe Welt gemacht.

David Friedrich Schöneiche

Ein fröhlicher Abend begräbt einen mühseligen Tag.

Gotthelf Treuer

Wen Gott grüßt, der soll ihm danken!

Hans Jakob Christoffel von Grimmelshausen

Glaubt, daß, sobald der Mensch mit Lastern
sich begreift,
die Rache Jupiters auch schon die Keile schleift.

Daniel Casper von Lohenstein

Es geh' auch wie es will, so bin ich schon vergnügt:
ein tapfres Herz auch wohl im größten Unglück
siegt.

Katharina Regina von Greiffenberg

Wer nur den Mangel merkt, der an dem Guten
klebt,
der bricht die Dornen nur, verschmäht der Rose
Zier.

Daniel Casper von Lohenstein

Wer die Freundschaft brechen kann,
fing sie nie von Herzen an.
Der wird fälschlich Freund genennt,
wer sich von dem Freunde trennt.

Friedrich von Logau

Man hasse Laster, nicht die Menschen!

Heinrich Brockes

Wir sehnen uns nach Äpfeln nicht,
die außen Gold, inwendig Asche sind.

Daniel Casper von Lohenstein

Wer des Abends schmiert, spannt des Morgens nur die Pferde vor.

*

Luchsaugen können zwar scharf, aber nicht bis auf den Abgrund sehen.

*

Wer den Abgrund der Geheimnisse Gottes mit dem Meßstab seiner Vernunft ergründen will, muß ersaufen.

*

Argus hat Tausende Augen gehabt und ist betrogen worden. Wie mehr wird ein Ein- oder Zweiäugiger betrogen werden!

*

Unwissenheit ist des Aberglaubens Glaube.

*

Stieß man einen Narren klein
gleich wie den Senf im Mörselstein,
so blieb er doch ein Narr als vor
und streckte vor sein Eselsohr.

*

Einsamkeit mag immerhin
schimpflich ausgehöhnet werden,
nichts vergnüget mich auf Erden,
als wenn ich alleine bin,

Stilles Leben hilft dem Geist
auf verborgne Spur zu sinnen
und dasselbe zu gewinnen,
was gerecht und edel heißt.

Gibt das Unglück einen Stich
und verdoppelt mir die Sorgen,
bleibt es doch der Welt verborgen,
und die Stille tröstet mich.

Dieses lobet mein Gedicht:
ich mag ihr die Schmerzen klagen
oder meine Freude sagen,
Einsamkeit verrät mich nicht.

G. List

Keine gewissere Unschuld ist zu finden, als wo man von gewissen Lastern keine Wissenschaft hat. Denn derselben Bekanntschaft klebt ein so sichtiger Kitzel an, daß ihrer viel, nicht sowohl aus Begierde, sich zu vergnügen, als Vorwitz, fremder Gebrechen Geschmack zu erkundigen, sich in den tiefsten Schlamm abscheulicher Bosheit stürzen.

Daniel Casper von Lohenstein

Gleich wie ein Licht dem andern Licht kann geben,
so hat die Lieb' von Gegenliebe Leben.
Daß Menschen, Luft, Glut, Bäume, Steine, Meer
noch sind, das kommt von Wechselliebe her.

Johann Klaj

Kein Unfall, keine Zeit wird rechte Liebe trennen;
die Liebe, die zergeht, ist Liebe nicht zu nennen.

Andreas Tscherning

Was zart ist, das erfordert mehr Aufsicht, auch sich vor dem geringsten Fehler zu hüten, ja, ich wollte sondern Mühe behaupten, daß das Frauenzimmer im Lieben viel vollkommener sei als das männliche Geschlecht.

Heinrich Anshelm von Zigler und Kliphausen

Der Weis' ist frei, du magst ihn gleich in Ketten
schließen;
ein Halbgott, der das Rad des Glückes tritt mit
Füßen.

Martin Opitz

Die Karten sind zwar gut, die meine Hand
jetzt führt;
was aber helfen sie, wenn dir das Glücke dienet?
Wer mit dem Glücke selbst zu spielen sich
erkühnet,
Was wunder, wenn er auch das beste Spiel
verlieret.

Otto Christoph Eltester

Was Gott will, will ich auch.

Heinrich Anshelm von Zigler und Kliphausen

Was andere Glück nennen, heißen die Frommen den Willen Gottes, welchen man sich mit vielen undienlichen Klagen nicht widersetzen soll.

Georg Philipp Harsdörffer

Ein loser Mensch, damit er schelmisch leben kann, weiß guter Leute Worte in sein Maul auch zu nehmen.

*

Der Ehrgeiz kann seinesgleichen nicht vertragen und die Geringständigen druckt er, daß sie nicht können auf die Beine kommen.

*

Wie kümmerlich ängstigen sich die Menschen, wenn sie ein wenig der Haut durchstoßen und ritzen! Um wieviel mehr sorgfältiger sollten sie sich bei den innerlichen Seelenwunden finden lassen!

*

Gold reizt den Dieb und den Feind.

*

Wie ein jedes Gestirn seinen sonderbaren Einfluß; ein jedes Gemüt seine sonderbare Neigung hat, also auch ein jedes Buch seinen sonderlichen Nutzen.

*

Das Glück spielt – also scherzt mit ihm!

*

Wer viele neue Herren sucht, pflegt sich selten zu verbessern.

*

Der Jugend Not,
der Alten Tod.

Das Unrecht ist ein Krebs, der immer weiter frißt.

Christoph Fürer von Haimendorf

Gott hat sich dem menschlichen Geschlechte in allen Kreaturen offenbaret, die wir täglich für Augen sehen: da in der wunderbarlichen Schöpfung und Erhaltung unseres Leibes und Lebens hat er sich abgepossiret, daß wenn wir nur solche Kreaturen mit Fleiß betrachten, so lobet und zeiget das Werk den Meister.

Georg Philipp Harsdörffer

Mein Schmerz ist immer neu.

*

Das Glück hat sich am Himmel eingesternet.
Das Tun der ganzen Welt aus dem Gestirne fließt.
Darnach dir lacht ein Stern, darnach du
glücklich bist.

Sigmund von Birken

Die Göttin der Gelegenheit
ist vorne nur mit Haaren.
Im Nacken bleibt sie kahl allzeit,
drumb laß sie ja nicht fahren,
weil du sie bei der Stirnen hast:
der Tag geht eilends nieder,
die Stunden laufen ohne Rast
und kommen ganz nicht wieder.

Martin Opitz

Für kleines Gold verkauft man große Lügen,
die Stein und Eisen überwiegen.

G. List

Der ist kein guter Christ, der nur in guten Tagen
recht guter Dinge lebt; von Glück und Unglück sagen
in beiden sein getrost, in diesem wohlgemut, in
jenem nicht zu stolz, das ist das höchste Gut. Der
kann der Künste Kunst, die über alles gehet, der
nicht fällt, wenn es steht,
und fället, wenn er stehet.

Johann Klaj

Wohl dem, der weit von hohen Dingen
den Fuß stellt auf der Einfalt Bahn;
wer seinen Mut zu hoch will schwingen,
der stößt gar leichtlich oben an!

Martin Opitz

Brauch der Zeit! Die leichten Stunden
schießen schneller als kein Fluß!
Zeit hat Flügel angebunden . . .

Paul Fleming

Wundere dich nicht, daß nur ein Narr seinen Weg so schnell geht,
daß ein Meister langsam ist und nicht selten stille steht.
Jenen leitet Wahn und Bosheit, die nur rennt und nicht verweilt;
diesen aber Witz und Tugend, die sich niemals übereilt.

Gottlieb Stolle

Mächtigen Leuten soll man aus dem Weg weichen
und zu Fuß fallen.

*

Bring ich dich zum Kauf, zur Zahlung will ich
dich wohl treiben.

*

Ein Jegliches hat seine Zeit,
und alles Fürnehmen unter dem Himmel hat seine
Stunde.

Motto zu dem Stich „Caduta fluxa vanitas“

Herz gegen Herz,
in keuscher Lieb entzündt,
liebt täglich mehr
und neue Lust gewinnt.

Johannes Klaj

Der süßen Liebe Frucht durch Zucht ist zu
erlangen
und wird durch Zucht gesucht. Wer Wollust
nach will hangen,
der suchet, was er findt, und findet, was er sucht:
sein Elend und Verderb, wird gottlos und
verrucht.

Johannes Plavius

Ich bin das Glück, die mächtigste Göttin und alleinregierende Königin des ganzen Weltkreises ... die Gebieterin und unerbittliche Tyrannin über alles menschliche Wesen.

Johann Georg Schott

Das Geschick bindet des Menschen Willen an eine unerweisliche Notwendigkeit, daß er nicht aus eigener Bewegung vollbringen kann.

Georg Philipp Harsdörffer

Vertraulichkeit ist großen Worten feind.

Caspar Ziegler

Wer Unglück sucht, der ertrinkt darinnen.

Andreas Gryphius

Es ist gewiß, daß man den Wert der Scham nie besser kennenlernt, als eben zu derselben Zeit, wenn man sich hat von ihr entfernt.

Heinrich Brockes

Ich bin ein Ball, den das Verhängnis schlägt,
des Zufalls Spiel; ein Scherz der Zeit.

Christian Hofmann von Hofmannswaldau

Den nur die Rosen stechen,
der die Rosen will abbrechen.

Johann Michael Moscherosch

Zwei Augen hat die Seel': eins schauet in die Zeit,
das andre richtet sich hin in die Ewigkeit.

Angelus Silesius

Was für eine saure Last, was für eine verachtete Last, was eine wüste Last ist es, auf zwei Achseln zu tragen!

Johann Michael Moscherosch

Was mich trösten kann, ist, daß ich nichts verübt...

Christian Hofmann von Hofmannswaldau

Die Welt ist um und um gestürzt;
der alte deutsche Glaube
schmeckt kaum so gut als eine faule Traube.
Die Wahrheit ist mit Schimpf verjaget
und wegen Mord und Ehebruch verklaget.
Die Adler werden so gemein,
daß ihrer mehr als kleine Mücken sein.
Es wird noch wohl die Sonne kalt,
der Himmel krumm und ungestalt,
der Wermut süßer Wein,
die Schatten lichter sein.
Es wird sich alles so verdrehen,
Daß wir zuletzt noch auf den Köpfen stehen.

G. List

Mein sind die Jahre nicht, die mir die Zeit
genommen;
mein sind die Jahre nicht, die etwa möchten
kommen;
der Augenblick ist mein, und nehm' ich den in acht,
so ist der mein, der Jahr und Ewigkeit gemacht.

Andreas Gryphius

Ergreif des Glückes-Zeit alsbald mit beiden
Händen,
denn eh' du es vermeinst, wird's dir den Rücken
wenden
und unergreiflich sein: vorlieb nimm diesen Tag.
Du weißt nicht, ob hinfort ein gleicher kommen
mag.

Knesebeck

Gunst, die kehrt sich nach dem Glücke,
Geld und Reichtum, das zerstäubt,
Schönheit läßt uns bald zurücke,
ein getreues Herze bleibt.

Paul Fleming

Wir sorgen nur umsonst, wenn Gott nicht für uns wachet.

Andreas Gryphius

Ein jeder ist seines Glückes und Unglückes eigener Werkmeister. Gott hilft niemand, der sich nicht selber hilft. Der Unbeständige weiß, was die wahre Glückseligkeit ist, welche manches Weltkind nicht winschen sollte: nämlich Gnad' haben bei Gott und den Menschen, so durch ein gläubiges Gebet und ein christliches Leben erlanget wird. Wer am ersten das Reich Gottes sucht, dem wird das andere leicht zufallen, so viel zu diesem zeitlichen Leben vonnöten ist.

Georg Philipp Harsdörffer

Wenig Menschen sind es, deren Gemüter nicht ein Kampfplatz der Vernunft und Begierden abgibt, die sie als zwei Feinde in einem Leibe beherbergen, derer jene alle Zeit wie das Feuer die Seele gegen den reinlichen Himmel, diese aber zu den besudelten Wollüsten der Erde herabziehen.

Daniel Casper von Lohenstein

Indem wir die Jahre zählen
und nach hundert Ernten sehen,
muß es an der Stund' uns fehlen.

Andreas Gryphius

Die Zeit bringt Nacht und Tag, macht Anfang
und macht Ende.
Gibt Hitz' und Frost; wer will, das wohl anlände
sein Schiff an sich'rem Port, der nehm in acht
die Zeit.
Die Zeit hat ihre Stund' und Gelegenheit.

Knesebeck

Die Tugend und Glückseligkeit haben nicht einerlei Geburtssterne, und Hoheit und Bestand sind abgesagte Feinde.

Daniel Casper von Lohenstein

Die reichen Leut' haben alles: eines geht ihnen ab: nämlich einer, der ihnen die Wahrheit sage.

Laurentius von Schnifis

Man sagt, wenn man eine Krankheit recht erkenne, so sei dem Patienten schon halb geholfen. Daß ich nun solche Wissenschaft begriff, davon war mein Wirt die Ursache, denn von seiner Person fing ich an, auch auf andere und deren Leibesbeschaffenheit zu sehen und dieselbe zu betrachten. Da fand ich einen Menschen, totkrank, der seine Krankheit oft selbst nicht wußte, und der auch von anderen Menschen, ja von den Doktoren selbst für einen Gesunden gehalten wurde. Ich fand Leute, die waren vor Zorn krank, und wenn sie die Krankheit anstieß, so verstellten sie die Gesichter wie der Teufel, brüllten wie die Löwen, kratzten wie die Katzen, schlugen um sich wie die Bären, bissen drein wie die Hunde, und damit sie sich noch ärger anstellen möchten, als die rasenden Tiere, warfen sie auch mit allem, was sie in die Hände kriegten, um sich wie die Narren. Man sagt, diese Krankheit komme von der Galle her, aber ich glaube vielmehr, daß sie ihren Ursprung daher habe, wenn ein Narr hoffärtig sei. Deshalb, wenn du einen Zornigen rasen hörst, sonderlich über ein geringes Ding, so halte kecklich dafür, daß er mehr stolz als klug sei. Aus dieser Krankheit folgt unähnlich viel Unglück, sowohl für den Kranken selbst als für andere; und zwar für den Kranken endlich Lähme, Gicht und ein frühzeitiger, wo nicht gar ewiger Tod! Und man kann diese Kranken, obschon sie gefährlich krank seien, mit gutem Gewissen keine Patienten nennen, weil ihnen die Patienz – das heißt: die Geduld – am allermeisten mangelt. Etliche sah ich am Neide darnieder liegen, von welchem man sagt, daß sie ihr eigenes Herz fressen, weil sie immer so bleich und traurig daher treten. Diese Krankheit halte ich für die allergefährlichste, weil sie vom Teufel ihren Ursprung hat, wiewohl sie von lauter Glück herrührt, welches des Kranken Feind genießt; und wer einen solchen von Grund aus kuriert, der dürfte sich beinahe rühmen, er hätte einen Verlorenen zum christlichen Glauben bekehrt, weil diese Krankheit keinen rechtschaffenen Christen anstößt, als welche nur die Sünde und Laster neiden. Die Spielsucht hielt ich auch für eine Krankheit, nicht allein, weil es der Name so mit sich bringt, sondern weil diejenigen, welche damit behaftet, ganz giftig auf das Spiel erpicht sind. Dieselbe hat ihren Ursprung vom Müßiggange, und nicht vom Geize, wie etliche vermeinen, und wenn du Wollust und Müßiggang hinwegnimmst, so vergeht diese Krankheit von sich selbst. So befand ich, daß Fressen und Saufen ebenfalls eine Krankheit ist, und daß dieselbe aus der Gewohnheit, und nicht aus dem Überflusse herkommt. Armut ist zwar gut dafür; aber sie wird dadurch nicht von Grund aus geheilt; denn ich sah Bettler im Luder, und reiche Filze Hunger leiden.

Hans Jakob Christoffel von Grimmelshausen

Man muß die Last mit Lust zu tragen sich
bemühn ...
Ich leide, was ich kann. Es wird nicht ewig währen,
die Kette nützt sich ab, die Stricke gehn entzwei,
es muß der Menschen Zorn sich selbst verzehren.

Christian Hofmann von Hofmannswaldau

Der große Gott hat nämlich – so zu reden – ein überaus groß und scharfgeschliffenes Perspektiv oder Augenglas, wodurch ER, wie ER von aller Ewigkeit her alle Dinge vorher gesehen, in die weiteste Ferne hinausgesehen und die allergeringsten Stäublein unseres Herzens wie ein menschliches Aug' durch einen Tubum die kleinste Sternlein in die Galaxie ergründen kann.

Daniel Wülfer

Die Eifersucht verblendet der Menschen Vernunft, sie zerfleischt ihr eigenes Eingeweide und stößt ihr das Mordeisen, wie jener erbitterte Römer, durch ihren eigenen Leib, um ihren auf dem Halse habenden oder träumenden Feind zu beschädigen.

Daniel Casper von Lohenstein

Es ist eine böse Gewohnheit, daß wir Menschen gemeiniglich auf das Glück schelten, welches wir uns doch auf dem eigenen Amboß unserer Bosheit geschmiedet haben.

Martin Opitz

Die Unschuld ist das schönste Kleid.

Johann Christian Günther

Es brennet beizeiten, was eine Nessel werden soll.

Andreas Gryphius

Viel Glück hat viel Neid; viel Gut hat viel
Gefahren;
ein mittelmäßig Stand kann manche Not ersparen.

Friedrich von Logau

Treue, die aus Furcht kommt, hat mißlichen Bestand.

Martin Opitz

Im Schoß des Glücks und Liebsten lacht sich's wohl.

Paul Fleming

Redlich will ich lieber schwitzen,
als die Heuchler Bauch besitzen.
Besser, harte Fäuste strecken,
als von fremden Schweiße lecken!

Friedrich von Logau

Wird aus dem Schatten nicht das helle Licht erkannt?

Otto Christoph Eltester

Was reizet uns zur Hoffart an? Der Leute
Heuchelei,
die alles preisen, was wir tun, es sei gleich,
wie es sei.

Friedrich von Logau

Gar köstlich ist es wohl, ein Teil der Welt
regieren,
Herr vieler Welten sein, das Schwert und
Szepter führen,
besitzen Gut und Blut, doch hier ist minder Ruh'
als auf der wilden See, die grimmig ab und zu
mit ihren Wellen jagt und nie vermag zu stehen.
In einem großen Hof, wo tausend Leute gehen,
zu suchen Gnad' und Recht, da schleichen auch
hinein
Gefahr, Betrug und List; es führt der große
Schein
viel Schatten hinter sich. Die auf dem Throne
sitzen
in voller Herrlichkeit und also häufig schwitzen,
was meinst du, daß es sei? Der Sommer tut es
nicht,
die Sonne kann nicht hin, was aus den Stirnen
bricht,
ist Arbeit und Beschwer. So viel hier Leute dienen,
sind ihnen mehrenteils zu Dienste selbst
erschienen;
sie ehren nur die Macht des Fürsten und nicht ihn,
und wann sein Glücke fällt, so gehn sie auch
dahin.

Martin Opitz

Begierden sind ein hartes Pferd,
das seinen Reiter reitet,
wenn nicht Vernunft sein Maul
versteht und recht den Zügel leitet.

Friedrich von Logau

Dem Verhängnis widerstreben ist vergebene Arbeit, weil es den mit den Haaren nachzieht, welcher ihm nicht freiwillig folgt, und daher in seine anleitenden Fußstapfen zu treten ist die größte Klugheit.

Daniel Casper von Lohenstein

Nicht der allein, der vom Cordan
bis an den Nil befehlen kann,
ist bloß ein großer Fürst auf Erden;
wer Wahrheit liebt, den Menschen nützt,
sich selbst beherrscht, die Tugend schützt,
der ist schon wert, gekrönt zu werden.

Johann Christian Günther

Man hat nur die einige Kunst der Mäßigung zu begreifen und nichts zu lernen, als daß man die schrecklichen Dinge nicht fürchte, in die annehmlichen sich nicht zu sehr verliebt, und also zwischen einer wilden Unart und der Verzärtelung die rechte Mitte trifft; also wodurch der Mensch mit sich selbst einen vollkommenen Frieden stiftet und die Ruhe des Gemütes, einigen Anker der Glückseligkeit befestigt.

Daniel Casper von Lohenstein

Wer Tugend hat und Kunst, wird nimmer nie vertrieben,
Ist, wo er immer ist, als wie zu Hause blieben.

Friedrich von Logau

Die Liebe läßt sich durch kein Feuer, kein Wasser, keinen Degen, kein Tier noch Menschen, keine Hoffnung des Glückes, noch Verlust der Wohlfahrt von ihrem Vorsatz bringen. Was andere meiden, das verachtet sie, und was anderen schwer fürkommt, das macht sie leicht. Sie schwimmt durch die Tiefe der Flüsse, segelt im Ungewitter und klettert über alle Berge. Sie hat alles in ihrer Gewalt und macht ihr alle Gewalt unterwürfig.

Martin Opitz

Verzweiflung, Sorge, Furcht und Schrecken,
Schmerz, Leiden, Angst und Qual,
ein Regiment von Gecken,
Verspottung ohne Zahl,
das ist der Liebe Leibgedinge.
Wer das nicht kennt, der weiß auch nicht, was
Amor ist.

Caspar Stieler

Der mind'ste von dem Volk ist Halsherr des Tyrannen.

Daniel Casper von Lohenstein

Vertraue dich der See,
dem Frauenzimmer nicht –
dieweil kein Glas so bald als ihre Gunst zerbricht.
Kein Weib ist gut, und ist ja eines oder zwei,
so weiß ich nicht, wie Gut aus Bösem worden sei.

Martin Opitz

Der, die wahrhaftig liebt, hat Flehn und Zwang nichts an.

Johann Christian Günther

Was hilft es, daß die Wand von außen schöne sei und drinnen fehlt der Verstand?

Martin Opitz

Die Welt ist rund und läuft herum,
drum sind die Leute schwindeldumm.

Friedrich von Logau

Was duppelt ist, wird man so leichte nicht zerreißen, als wenn es einfach ist, halt aus.

Johannes Plavius

In der Schiffahrt menschlichen Lebens soll von Rechts wegen die Vernunft der Steuermann, die Gemütsregungen Ruderknechte sein; allein es geschieht, daß bald Rache, bald Furcht die Vernunft vom Steuerruder wegstößt, aus welcher Unordnung notwendig das Schiff in Gefahr des Strandens und Schiffbruchs geraten muß.

Daniel Casper von Lohenstein

Hätt' ich nicht Stand gehabt,
so hätte mich Verstand mit Adel doch begabt.

Martin Opitz

Wodurch wird denn die Liebe erzeugt? Durch die Schönheit, wirst du wohl sagen, es ist natürlich, daß ein Mensch sich an natürlichen Sachen erlustige. Ich zweifle aber sehr, ob es mit einer solchen Schönheit, die von denen, die mit der rechten Schönheit unbekannt sind, dermaßen gepriesen wird, nicht ebenso bewandt sei wie mit dem ägyptischen Tempel. Willst du sehen, was Schönheit ist, so mußt du die Augen der Vernunft zu Rate nehmen ... Denn wie die Vernunft ohne Liebe unvollkommen ist, also ist die Liebe fast unbesonnen, wenn sie der Verunft nicht gehorcht.

Martin Opitz

An der Hunde Hinken,
an der Huren Winken,
an der Narren Dünken,
an der Weiber Zähren,
an der Krämer Schwären,
muß sich niemand kehren.

Gottlieb Stolle

Daß kein Christ jetzt Wunder tut,
macht, der Glaub' ist nicht recht gut.
Drum ist rechter Glaub' jetzunder
für sich selbst ein großes Wunder.

Friedrich von Logau

Großmütigkeit ist der Prinzen höchste Zierde.

Heinrich Anshelm von Zigler und Kliphausen

O drei- und viermal ist ja selig der zu nennen,
der also leben kann und keinen besser kennen
nicht lernet als sich selbst, der, was sein Stand und Zeit
nur immer leiden will, mit stiller Einsamkeit.
In dem, was sein ist, lebt, und bei sich kann vernichten,
wo Ruh' und Einfalt wohnt, worauf die Leute dichten,
das nichts als eitel ist. Was nützt ihm der Demant,
das viel zu teure Glas, an seiner werten Hand?
Kann etwas, das nicht lebt, des Menschen Glieder zieren,
der Seel' und Sinnen hat? Der Raub von wilden Tieren,
der Würmer Webegarn, soll dieses Hoffart sein?
Habt ihr nicht eignes nicht? Muß euer ganzer Schein
in dem, was flüchtig ist und außer euch bestehen?
Dem Höchsten beliebt, euch gleichfalls zu erhöhen;
ihr aber schätzt euch noch minder als ein Tier,
dieweil ihr ja von ihm entlehnet eine Zier
und seine Schuldner seid. Wer an dem Orte wohnet,
wo Demut Wirtin ist, der bleibet ganz verschonet
von solcher falschen Pracht und Gaukelei der Welt,
die nur gemeiniglich von nichts am meisten hält.

Martin Opitz

Der Neid, der macht uns arm; wir hielten uns für reich,
wenn andre neben uns uns allen wären gleich.

Friedrich von Logau

WIE ER WOLLE GEKÜSSET SEIN

Nirgends hin als auf den Mund:
da sinkt's in des Herzens Grund.
Nicht zu frei, nicht zu gezwungen,
nicht mit gar zu fauler Zungen.

Nicht zu wenig, nicht zu viel:
beides wird sonst Kinderspiel.
Nicht zu laut und nicht zu leise:
bei der Maß ist rechte Weise.

Nicht zu nahe, nicht zu weit:
dies macht Kummer, jenes Leid.
Nicht zu trucken, nicht zu feuchte,
wie Adonis Venus reichte.

Nicht zu harte, nicht zu weich,
bald zugleich, bald nicht zugleich.
Nicht zu langsam, nicht zu schnelle,
nicht ohne Unterschied der Stelle.

Halb gebissen, halb gehaucht,
halb die Lippen eingetaucht.
Nicht ohn' Unterschied der Zeiten,
mehr alleine denn bei Leuten.

Küsse nun ein jedermann,
wie er weiß, will, soll und kann!
Ich nur und die Liebste wissen,
wie wir uns recht sollen küssen.

Paul Fleming

ABBILDUNGEN IN DIESEM TIECK-BUCH:
Meisterwerke barocker Malerei

Schutzumschlag:
Pietro da Cortona,
Deckengemälde im Palazzo Barberini in Rom

Seite 17:
Annibale Carraci,
Deckengemälde im Palazzo Farnese in Rom

Seite 35:
Simon Vouet,
„Ruhm, Liebe und Schönheit besiegen die Zeit“

Seite 53:
Peter Paul Rubens,
„Heinrich IV. betrachtet das Bild Marias von Medici“

Seite 71:
Giovanni Battista Gaulli,
Deckengemälde der Jesuitenkirche in Rom